Dieses Buch gehört:

______________________________

*Sei lieb zu diesem Buch!*

Bereits erschienen:

ISBN 978-3-8157-3436-0 ISBN 978-3-8157-2845-1 ISBN 978-3-8157-2593-1 ISBN 978-3-8157-3866-5

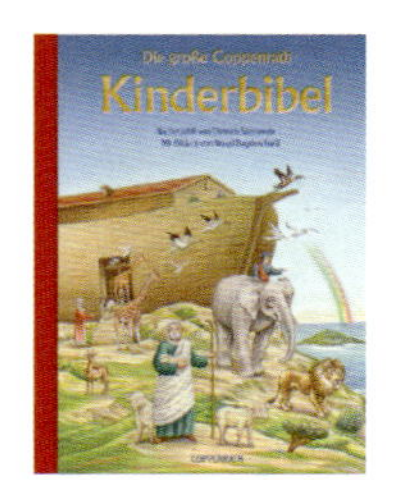


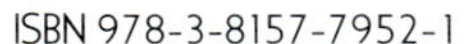

ISBN 978-3-8157-7952-1 ISBN 978-3-8157-7953-8

20 19 18 17

ISBN 978-3-8157-4096-5



www.coppenrath.de

# Die Ostergeschichte

Erzählt von Jutta Bergmoser

Mit Bildern von Wasyl Bagdaschwili

COPPENRATH

Vor mehr als 2000 Jahren zog Jesus durch das Heilige Land und erzählte von Gott. Für ihn war Gott wie ein liebevoller Vater und eine fürsorgliche Mutter. Das gefiel den Menschen.
Die Priester dagegen meinten, Gott sei sehr streng. Deshalb mochten sie Jesus nicht. Auch den Römern war Jesus ein Dorn im Auge, wenn er sagte: „Glücklich sind die, die Streit ohne Gewalt schlichten." Die Römer aber regierten das Land mit ihren Waffen.

Eines Tages wollte Jesus nach Jerusalem kommen. Am Stadttor wartete schon eine große Menschenmenge auf ihn. Er ritt auf einem kleinen Esel und als er herankam, winkten ihm die Leute mit Palmwedeln zu.
„So einen friedlichen Menschen wie dich hätten wir gerne zum König!", riefen sie. Die Priester hörten das und wurden sehr wütend. Sie wollten Jesus nicht als König und deshalb beschlossen sie, ihn gefangen zu nehmen.

Vor dem Abendessen wusch Jesus seinen Freunden die staubigen Füße. Er wollte ihnen etwas Gutes tun, denn er ahnte, dass er bald sterben musste. Sein Freund Petrus wollte ihn trösten: „Wir beschützen dich, wenn es gefährlich wird." Doch Jesus schüttelte traurig den Kopf. „Morgen früh, wenn der Hahn kräht, willst auch du nicht mehr mein Freund sein", sagte er.
Dann aßen sie zu Abend. Sie wussten jetzt, dass dies ihr Abschied war. Jesus dankte Gott für das Essen. Er segnete Brot und Wein und teilte beides an seine Freunde aus.
Dazu sprach er: „Macht es genauso, wenn ich gestorben bin. Zwar lebe ich dann bei Gott und ihr könnt mich nicht sehen, aber ich bin trotzdem bei euch, wenn ihr gemeinsam esst und trinkt."

Nach dem Essen wanderten die Freunde zum Ölberg. Da bekam Jesus Angst vor dem Sterben und begann mit Gott zu reden: „Vater im Himmel. Lass mich nicht allein." Das Beten machte ihn ganz ruhig. Plötzlich tauchten die Soldaten der Hohepriester auf um Jesus festzunehmen. Jesus wehrte sich nicht. Petrus aber wollte ihm helfen und verletzte einen Wachmann mit seinem Schwert am Ohr. „Was tust du da!", rief Jesus. Erschrocken ließ Petrus das Schwert fallen. Jesus aber hielt seine Hand an das verwundete Ohr und machte es wieder heil. Dann wurde er von den Soldaten abgeführt.

Im Gefängnis trieben die Soldaten ihren Spaß mit Jesus. Sie verkleideten ihn als König und drückten ihm eine Dornenkrone auf den Kopf. Dann schlugen sie ihn und lachten ihn aus.
Petrus war den Soldaten gefolgt und musste alles mit ansehen. Plötzlich erkannte ihn eine Frau: „Bist du nicht auch einer von Jesu Freunden?"
„Nein. Ich kenne diesen Menschen nicht", sagte er schnell, denn er hatte Angst, dass man auch ihn verhaften würde. In diesem Augenblick krähte ein Hahn. Da schämte sich Petrus und lief weg.

Die Hohepriester und Römer bestimmten, dass Jesus am Kreuz sterben sollte. So trug er das schwere Holzkreuz quer durch Jerusalem den Berg hinauf nach Golgatha. Es wurde immer schwerer. Jesus stolperte und fiel. Bauer Simeon, der gerade vom Feld kam, hatte Mitleid und half ihm den Berg hinauf.

Jesus wurde zwischen zwei Verbrechern am Kreuz aufgehängt. „Kannst du mich mitnehmen zu Gott?", fragte der eine Verbrecher, denn er hatte Angst vor dem Tod. Jesus beruhigte ihn: „Du hast einen starken Glauben. Darum kann dir nichts geschehen. Wenn du gestorben bist, dann lebst du bei unserem Vater im Himmel."

Jesus wurde immer schwächer. Doch als er Durst bekam, gaben die Soldaten ihm statt Wasser nur Essig zu trinken. Jesus fühlte sich allein. Um drei Uhr war er schließlich verzweifelt und weinte: „Vater im Himmel, wo bist du?" – So starb er.

Drei Tage später wollte Maria von Magdala, eine Freundin von Jesus, Blumen zum Grab bringen. Doch als sie dort ankam, war der Stein weggerollt. Darin lagen nur noch die weißen Tücher. – Was war mit Jesus passiert?
Plötzlich sah Maria einen Engel am Eingang stehen, der sagte: „Was suchst du einen Lebendigen bei den Toten!“

Da trat jemand zu ihr. Sie dachte, es sei der Gärtner und fragte: „Hast du Jesus weggetragen?“ – Doch er sprach sie eindringlich an: „Maria, ich bin es!“ Da erkannte Maria, dass Jesus neben ihr stand. „Du lebst“, stammelte sie verwirrt. „Ja, ich lebe“, sagte Jesus. Ohne Zweifel. Es war Jesus, der vor ihr stand, auch wenn er merkwürdig weit weg schien. Marias Herz klopfte heftig.

Freudestrahlend verkündete Maria jedem, dem sie begegnete: „Jesus lebt. Ich habe ihn gesehen.“ Die Freunde Jesu konnten ihr aber nicht glauben.
Kurze Zeit später jedoch kam Jesus auch zu ihnen. Durch die verschlossene Tür erschien er. „Das kann nicht sein“, murmelte Thomas. Doch Jesus zeigte ihm seine Wunden und Thomas durfte sie berühren. Da staunte er und große Freude durchströmte ihn. Jesus versprach ihnen: „Auch wenn ich jetzt zu Gott gehe, bleibe ich doch bei euch alle Tage bis zum Ende der Welt.“
Das war eine gute Nachricht. Begeistert verließen die Freunde ihr Versteck und erzählten allen Menschen, was geschehen war. Seither erinnert das Osterfest an die Auferstehung Jesu.